RUSTIC DANCE

men Gassi

RUSTIC DANCE pg. 2

RUSTIC DANCE pg. 3

RUSTIC DANCE pg. 5

RUSTIC DANCE pg. 6

RUSTIC DANCE

Flute

Carmen Gassi

RUSTIC DANCE pg. 2

RUSTIC DANCE pg. 3

RUSTIC DANCE

Oboe

Carmen Gassi

RUSTIC DANCE pg. 2

RUSTIC DANCE

Bb Clarinet

Carmen Gassi

RUSTIC DANCE pg. 2

RUSTIC DANCE pg. 3

F Horn

RUSTIC DANCE

Carmen Gassi

RUSTIC DANCE pg. 2

RUSTIC DANCE pg. 3

RUSTIC DANCE pg. 2

RUSTIC DANCE pg. 4

Bassoon

RUSTIC DANCE

Carmen Gassi

www.enpmusic.com